¡Conocimiento a tope!
a tope!
Asuntos matemáticos
Cuento a saltos hasta la escuela

Adrianna Morganelli
Traducción de Pablo de la Vega

CRABTREE
PUBLISHING COMPANY
WWW.CRABTREEBOOKS.COM

Objetivos específicos de aprendizaje:
Los lectores:

- Entenderán cómo contar a saltos de dos en dos, de cinco en cinco y de diez en diez, y aplicarán sus conocimientos a distintos escenarios.
- Preguntarán sobre este tipo de cuentas y encontrarán las respuestas.
- Identificarán las ideas principales del libro y las repetirán en sus propias palabras.

Palabras de uso frecuente (primer grado) a, el, en, la, nosotros, para, puedes(n), su, un(a)(o)	Vocabulario académico contar a saltos, décimo, hacia atrás, hacia delante, patrón, quinto

Estímulos antes, durante y después de la lectura:

Activa los conocimientos previos y haz predicciones:
Pide a los niños que lean el título y miren las imágenes de la tapa y la portada. Pregúntales:

- ¿De qué creen que tratará el libro?
- ¿Qué significa contar a saltos? (Anímalos a relacionar sus respuestas con el reloj en la tapa).

Durante la lectura:
Después de leer la página 10, pregunta a los niños:

- ¿Cuál es la idea principal de la página? (Contar a saltos desde cero nos permite ver un patrón).
- ¿Qué es un patrón? (Es una secuencia repetitiva).

- ¿Cómo crea un patrón contar a saltos? (Contar a saltos nos permite ver el patrón de cuánto se incrementa un número).

Anima a los niños a contar a saltos los objetos de las páginas 10 y 11. Anota los números y resalta el patrón.

Después de la lectura:
Muestra una tabla de cien. Junto con los niños, cuenta de dos en dos. Usa un marcatextos amarillo para resaltar cada número mientras cuentas. Muestra a los niños el patrón «contando de dos en dos» en la tabla.

Repite con los cincos y los dieces. Usa colores diferentes e invita a los niños a resaltar los números en la tabla. Resalta los patrones en distintos colores. Intercambia opiniones con ellos acerca de cómo una tabla de cien nos ayuda a contar a saltos.

Author: Adrianna Morganelli
Series development: Reagan Miller
Editor: Janine Deschenes
Proofreader: Melissa Boyce
STEAM notes for educators:
  Reagan Miller and Janine Deschenes
Guided reading leveling: Publishing Solutions Group
Cover and interior design: Samara Parent
Photo research: Janine Deschenes and Samara Parent

Print coordinator: Katherine Berti
Translation to Spanish: Pablo de la Vega
Edition in Spanish: Base Tres
Photographs:
iStock: WendellandCarolyn: title page (books); NYS444: p. 5;
  Rpsycho: p. 13 (bottom)
Shutterstock: George Sheldon: p. 18
All other photographs by Shutterstock

Library and Archives Canada Cataloguing in Publication
Title: Cuento a saltos hasta la escuela / Adrianna Morganelli ;
  traducción de Pablo de la Vega.
Other titles: Skip counting my way to school. Spanish
Names: Morganelli, Adrianna, 1979- author. | Vega, Pablo de la, translator.
Description: Series statement: ¡Conocimiento a tope! Asuntos
  matemáticos | Translation of: Skip counting my way to school. |
  Includes index. | Text in Spanish.
Identifiers: Canadiana (print) 20200299875 |
  Canadiana (ebook) 20200299883 |
  ISBN 9780778783664 (hardcover) |
  ISBN 9780778783824 (softcover) |
  ISBN 9781427126412 (HTML)
Subjects: LCSH: Counting—Juvenile literature. | LCSH: Arithmetic—
  Juvenile literature. | LCSH: Addition—Juvenile literature. |
  LCSH: Subtraction—Juvenile literature.
Classification: LCC QA113 .M69318 2021 | DDC j513.2/11—
  dc23Classification: LCC QA113 .M6918 2021 | DDC j513.2/11—dc23

Library of Congress Cataloging-in-Publication Data
Names: Morganelli, Adrianna, author. | Vega, Pablo de la, translator.
Title: Cuento a saltos hasta la escuela / Adrianna Morganelli ; traducción
  de Pablo de la Vega.
Other titles: Skip counting my way to school. Spanish
Description: New York : Crabtree Publishing Company, 2021. |
  Series: ¡Conocimiento a tope! Asuntos matemáticos | Includes index.
Identifiers: LCCN 2020033067 (print) |
  LCCN 2020033068 (ebook) |
  ISBN 9780778783664 (hardcover) |
  ISBN 9780778783824 (paperback) |
  ISBN 9781427126412 (ebook)
Subjects: LCSH: Counting–Juvenile literature. | Arithmetic–Juvenile literature.
Classification: LCC QA113 .M67818 2021 (print) | LCC QA113 (ebook)
  | DDC 513.2/11--dc23

Printed in the U.S.A./102020/CG20200914

Índice

Crabtree Publishing Company
www.crabtreebooks.com   1-800-387-7650

Copyright © **2021 CRABTREE PUBLISHING COMPANY**. All rights reserved. No part of this publication may be reproduced, stored in a retrieval system or be transmitted in any form or by any means, electronic, mechanical, photocopying, recording, or otherwise, without the prior written permission of Crabtree Publishing Company. In Canada: We acknowledge the financial support of the Government of Canada through the Canada Book Fund for our publishing activities.

Published in Canada
Crabtree Publishing
616 Welland Ave.
St. Catharines, Ontario
L2M 5V6

Published in the United States
Crabtree Publishing
347 Fifth Ave
Suite 1402-145
New York, NY 10016

Published in the United Kingdom
Crabtree Publishing
Maritime House
Basin Road North, Hove
BN41 1WR

Published in Australia
Crabtree Publishing
Unit 3 – 5 Currumbin Court
Capalaba
QLD 4157

Es hora de contar

En la mañana, Vera se viste para ir a la escuela. **Cuenta** sus calcetines. Uno. Dos. Tiene dos calcetines.

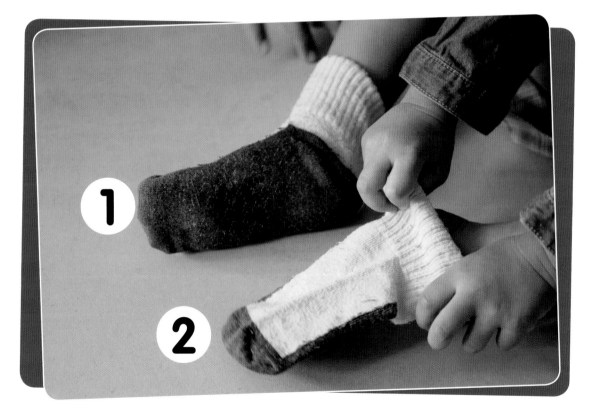

Vera comienza en el uno. Suma uno para obtener el siguiente número.

Vera quiere contar los botones de su suéter de dos en dos. Contar de dos en dos es **contar a saltos**. Cuando contamos de dos en dos, contamos únicamente cada dos números.

Vera cuenta sus botones a saltos. Dos. Cuatro. Seis.

Cuentas rápidas

Contar a saltos significa que nos saltamos algunos números cuando contamos. Nos permite contar más rápido.

Cuenta a saltos de dos en dos para descubrir el número de zapatos.

¡Hay muchas maneras de contar a saltos! Podemos contar a saltos usando cualquier número. Vera cuenta de dos en dos, de cinco en cinco y de diez en diez.

Vera se pregunta cuántos minutos faltan para las nueve.
Cuenta a saltos de cinco en cinco. Faltan 15 minutos para las nueve.

Cincos y dieces

Vera desayuna. Cuenta a saltos sus fresas de cinco en cinco. Cuando contamos de cinco en cinco, contamos cada quinto número.

Vera hace grupos con cinco fresas para
ayudarse a contar a saltos de cinco en cinco.

Vera cuenta a saltos sus arándanos de diez en diez. Cuando contamos de diez en diez, contamos cada décimo número.

Vera hace grupos de diez arándanos
para ayudarse a contar de diez en diez.

Descubre el patrón

Cuando contamos a saltos, podemos comenzar con cualquier número. Comenzar de cero nos ayuda a descubrir un **patrón**.

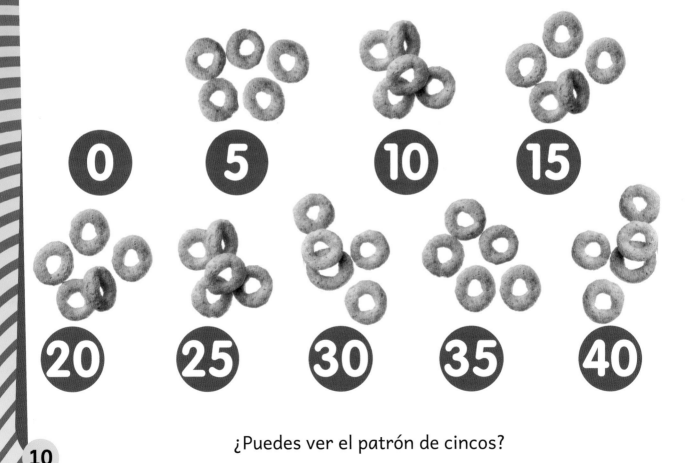

¿Puedes ver el patrón de cincos?

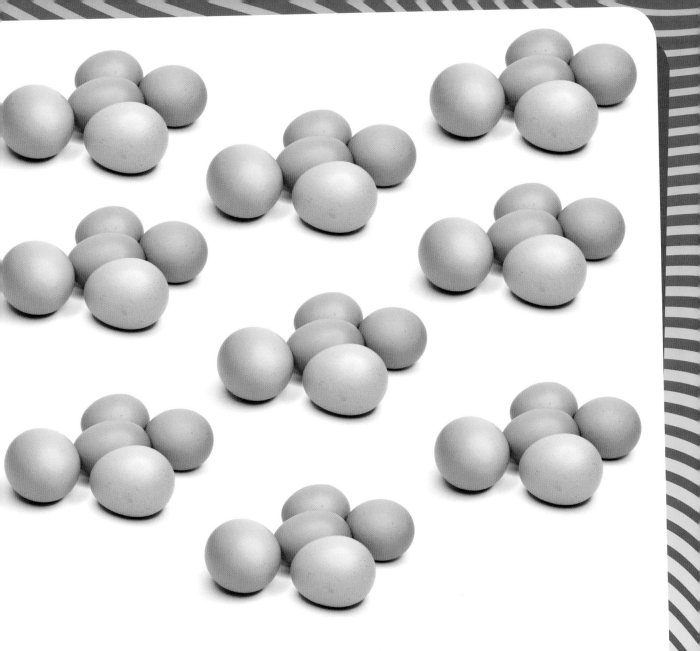

Cuenta a saltos de cinco en cinco para descubrir el número de huevos.
¿Ves el patrón?

Hacia adelante y hacia atrás

Podemos contar a saltos hacia adelante. Para contar a saltos hacia adelante, comenzamos en cero.

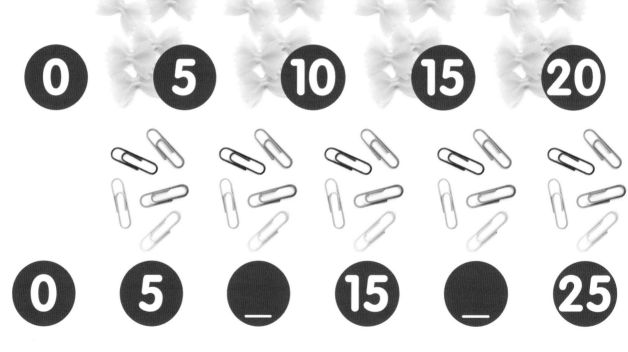

¿Puedes contar a saltos y agregar los número que faltan en el patrón?

Podemos contar a saltos hacia atrás.
Para contar a saltos hacia atrás,
comenzamos con el número más alto.

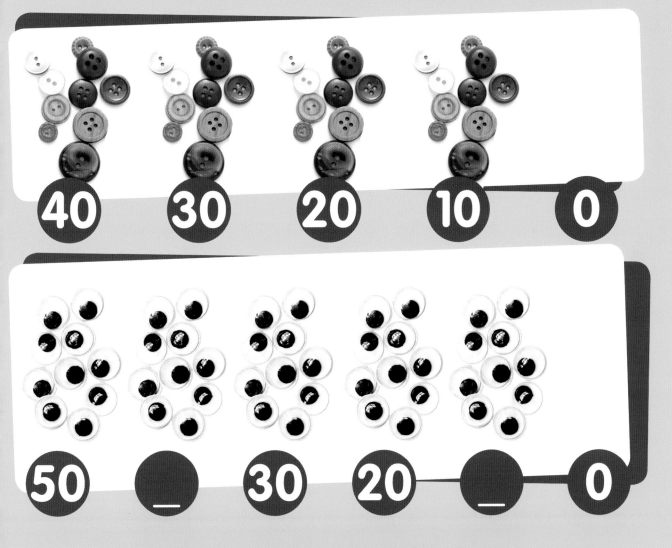

40 30 20 10 0

50 ___ 30 20 ___ 0

¿Puedes contar a saltos hacia atrás y agregar
los números que faltan en el patrón?

Cuenta con tus amigos

Elisa, Amir y Samuel están aquí
para caminar a la escuela con Vera.

¿Puedes contar a los amigos de Vera a saltos de dos en dos?

Vera está feliz de mostrar su libro de calcomanías a sus amigos. «Quiero **recolectar** 50 calcomanías», dice Vera.

Cuenta las calcomanías de cinco en cinco.
¿Cuántas calcomanías más necesita Vera para recolectar 50?

¿Cuántos en total?

Los amigos se preguntan qué más pueden contar. Samuel mira hacia abajo. «Tenemos cinco dedos en cada mano», dice.

Cuenta los dedos de cinco en cinco.
¿Cuántos dedos tienen los amigos en total?

Los amigos pasan junto a una cerca colorida.
Ayúdalos a contar los postes.

poste

¿Cuántos postes rojos ves? ¿Cuántos amarillos? ¿Cuántos azules?
Cuenta de dos en dos para encontrar cuántos de cada color.

¿Cuántos postes hay en total? Cuenta de cinco en cinco y de diez en diez.

Cuenta los autobuses

Los amigos **llegan** a la escuela. Ven los autobuses escolares en el estacionamiento.

Cuenta los autobuses escolares de dos en dos.
¿Cuántos hay en total?

Cada autobús escolar tiene diez ventanas y dos **pares** de ruedas. Un par es un grupo de dos.

Cuenta las ventanas de cinco en cinco y de diez en diez.
¿Cuántas ventanas tienen los autobuses en total?

Cuenta las ruedas de dos en dos.
¿Cuántas ruedas tienen los autobuses en total?

La tabla de cien

Los amigos se sientan en el aula.
Vera ve una **tabla de cien** en la pared.

La tabla de cien tiene filas de números del uno al 100.

Podemos usar una tabla de cien
para ayudarnos a contar a saltos.

1	2	3	4	5	6	7	8	9	10
11	12	13	14	15	16	17	18	19	20
21	22	23	24	25	26	27	28	29	30
31	32	33	34	35	36	37	38	39	40
41	42	43	44	45	46	47	48	49	50
51	52	53	54	55	56	57	58	59	60
61	62	63	64	65	66	67	68	69	70
71	72	73	74	75	76	77	78	79	80
81	82	83	84	85	86	87	88	89	90
91	92	93	94	95	96	97	98	99	100

Empieza en el dos y cuenta a saltos de dos en dos hasta el 100.
Empieza en el cinco y cuenta a saltos de cinco en cinco hasta el 100.
Empieza en el diez y cuenta a saltos de diez en diez hasta el 100.

Palabras nuevas

contar a saltos: verbo. Contar hacia adelante o hacia atrás usando un número distinto al uno.

cuenta: verbo. Suma para descubrir el total de objetos en un grupo.

llegan: verbo. Alcanzan un lugar al que iban.

pares: sustantivo. Grupos de dos.

patrón: sustantivo. Algo que se repite.

recolectar: verbo. Recoger objetos de distintos lugares para, con frecuencia, crear una colección o un grupo más grande.

tabla de cien: sustantivo. Una tabla que muestra los números del uno al 100.

Un sustantivo es una persona, lugar o cosa.

Un verbo es una palabra que describe una acción que hace alguien o algo.

Un adjetivo es una palabra que te dice cómo es alguien o algo.

Índice analítico

Sobre la autora

Adrianna Morganelli es una editora y escritora que ha trabajado en una innumerable cantidad de libros de Crabtree Publishing. Actualmente está escribiendo una novela para niños.

Para explorar y aprender más, ingresa el código de abajo en el sitio de Crabtree Plus.

www.crabtreeplus.com/fullsteamahead

(página en inglés)

Tu código es:
fsa20

Notas de STEAM para educadores

¡Conocimiento a tope! es una serie de alfabetización que ayuda a los lectores a desarrollar su vocabulario, fluidez y comprensión al tiempo que aprenden ideas importantes sobre las materias de STEAM. *Cuento a saltos hasta la escuela* usa la repetición y recursos visuales para ayudar a los lectores a identificar y repetir las ideas principales. Los recursos visuales también ayudan a los lectores a responder preguntas sobre conceptos matemáticos. La actividad STEAM de abajo ayuda a los lectores a expandir las ideas del libro para el desarrollo de habilidades matemáticas y artísticas.

¡Cuenta a saltos para ganar!

Los niños lograrán:
- Contar a saltos de dos en dos, de cinco en cinco y de diez en diez.
- Crear y jugar un juego que usa las cuentas a saltos.

Materiales
- Hoja de planeación «Cuenta a saltos para ganar».
- Juego de mesa «Cuenta a saltos para ganar».
- Ejemplo completo de «Cuenta a saltos para ganar».
- Materiales de manualidades para crear el juego.

Guía de estímulos
Después de leer *Cuento a saltos hasta la escuela*, pregunta a los niños:
- ¿Cómo nos ayuda el libro a practicar las cuentas a saltos? Repasen algunas páginas y practiquen.
- ¿De qué otras maneras podemos practicar las cuentas a saltos? Invita a los niños a que compartan sus ideas y las pongan en práctica.

Actividades de estímulo
Explica a los niños que practicarán las cuentas a saltos ¡jugando juegos! Pide a los niños que formen grupos de tres o cuatro personas. Cada grupo debe crear un juego de mesa que use cuentas hacia adelante y hacia atrás contando a saltos de dos en dos, cinco en cinco y diez en diez.

Da a cada grupo una copia del ejemplo completo de «Cuenta a saltos para ganar». Sigue el ejemplo al tiempo que revisas los criterios. El juego de mesa debe:
- Tener tres reglas. Cada regla tiene un símbolo.

Cada regla contiene cuentas a saltos de dos en dos, cinco en cinco y diez en diez.
- Incluir cuentas hacia adelante y hacia atrás.
- Incluir elementos extra como, por ejemplo, escaleras.

Haz que los grupos llenen la hoja de planeación «Cuenta a saltos para ganar» y que levanten la mano cuando hayan terminado. Verifica que su plan cumpla con los criterios. Guíalos con preguntas como:
- ¿Cuántos espacios son necesarios en el juego?
- ¿Cómo se van a mover dentro del juego? ¿Usarán dados, tarjetas o algo más?
- ¿Cómo serán sus marcadores para los jugadores?

Después de que terminen de hacer el juego, organiza un «periodo de juego» en el que los niños puedan jugar su juego y luego el que hicieron otros compañeros.

Extensiones
Pide a los niños que modifiquen sus juegos para incorporar una nueva regla del conteo a saltos o un concepto matemático diferente, como la suma.

Para ver y descargar las hojas de trabajo, visita **www.crabtreebooks.com/resources/printables** o **www.crabtreeplus.com/fullsteamahead** (páginas en inglés) e ingresa el código **fsa20**.